About this book

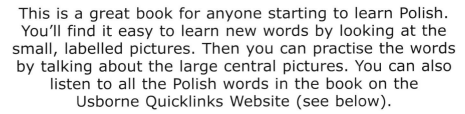

This is a great book for anyone starting to learn Polish. You'll find it easy to learn new words by looking at the small, labelled pictures. Then you can practise the words by talking about the large central pictures. You can also listen to all the Polish words in the book on the Usborne Quicklinks Website (see below).

Reading Polish words

Polish words can look quite tricky to an English speaker, especially when they have sounds like **cz** or **sz** together, but once you know a few basic rules, Polish pronunciation is actually quite regular. You can listen to all the words in this book on the Usborne Quicklinks Website (see below), and you can also find a guide on pages 56-64 of the book.

Accents

Some Polish words have accents – signs that are written over, across or under the letter. These change the sound of the letter. In Polish dictionaries, accented letters are treated as different letters, so when you look for a word in a dictionary or on pages 56-64 of this book, you'll find all the words beginning with ł after the words beginning with l, and so on.

"A" or "the"

There isn't a separate word for "the" or "a" in Polish, so for example **stół** can mean either "a table" or "the table" – when you use the word in a sentence, it will be clear which you mean.

Hear the words on the internet

You can listen to all the words in this book, read by a native Polish speaker, on the Usborne Quicklinks Website. Just go to **www.usborne-quicklinks.com** and enter the keywords **1000 polish**. There you can:

- listen to the first thousand words in Polish
- find links to other useful websites about Poland and the Polish language.

Your computer needs a sound card (almost all computers have these) and may also need a small program, called an audio player, such as RealPlayer® or Windows® Media Player. If you don't already have a copy, you can download one from the Usborne Quicklinks Website.

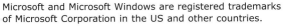

Dom

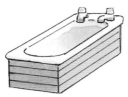
wanna

mydło

kurek

papier toaletowy

szczoteczka do zębów

woda

toaleta

gąbka

umywalka

prysznic

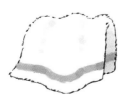
ręcznik

łóżko

Łazienka

Salon

pasta do zębów

radio

poduszka

płyta kompaktowa

dywan

kanapa

THE U̶S̶ ̶-̶ ̶ ̶I̶N̶KED

FIRST THOUSAND WORDS
IN POLISH

With Internet-linked pronunciation guide

Heather Amery

Illustrated by Stephen Cartwright

Edited by Mairi Mackinnon

Polish language consultants: Neil Bowdler and Ivona Abramian

Usborne Quicklinks:
notes for parents and guardians

Please ensure that your children read and follow the internet safety guidelines displayed on the Usborne Quicklinks Website.

The links in Usborne Quicklinks are regularly reviewed and updated. However, the content of a website may change at any time, and Usborne Publishing is not responsible for the content on any website other than its own. We recommend that children are supervised while on the internet, that they do not use internet chat rooms and that you use internet filtering software to block unsuitable material.
For more information, see the **Net Help** area on the Usborne Quicklinks Website.

On every double page with pictures, there is a little yellow duck to look for. Can you find it?

 krzesło

 poduszka

 grzebień

 prześcieradło

 dywanik

 szafa

 poduszka

Sypialnia

 komoda

 lustro

 szczotka do włosów

 lampa

Hall

 obrazki

wieszak

telefon

 kaloryfer

 wideo

 gazeta

stół

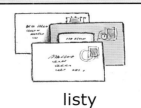 listy

 schody

5

Kuchnia

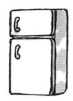

lodówka

szklanki

zegar

taboret

łyżeczki

przełącznik

proszek do prania

klucz

drzwi

zlewozmywak

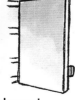

odkurzacz

rondle

widelce

fartuch

deska do prasowania

śmieci

czajnik

 noże

zmywak

ściereczka do kurzu

 kafelki

miotła

 pralka

 śmietniczka

 szuflada

spodki

 patelnia

 kuchenka

 łyżki

 talerze

 żelazko

 szafka

 ściereczka do naczyń

 filiżanki

 zapałki

 szczotka

 miski

szafka

taczki

ul

ślimak

cegły

gołąb

łopata

biedronka

pojemnik
na śmieci

nasiona

szopa

Ogród

konewka

dżdżownica

kwiaty

polewaczka

motyka

osa

pszczoła

kielnia

kość

żywopłot

widły

kosiarka do trawy

ścieżka

liście

drzewo

dym

gąsienica

grabie

gniazdo

patyki

cieplarnia

trawa

wózek dziecinny

drabina

ognisko

wąż gumowy

Warsztat

śrubki

imadło

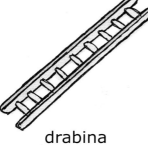
papier ścierny

świder

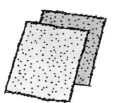
drabina

piła

trociny

kalendarz

skrzynka na narzędzia

śrubokręt

deska

struganie

scyzoryk

10

gwoździki

pająk

śrubki

nakrętki

pajęczyna

beczka

mucha

siekiera

miara taśmowa

młotek

pilnik

puszka z farba

drewno

gwoździe

warsztat pracy

słoiki

hebel

11

Ulica

sklep

dziura

kawiarna

ambulans

chodnik

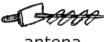
antena

komin

dach

koparka

hotel

autobus

mężczyzna

wóz policyjny

rury

świder

szkoła

boisko

 taksówka

przejście

fabryka

ciężarówka

 światła uliczne

 kino

 furgonetka

 walec drogowy

 przyczepa

 dom

 targ

 stopnie

 motocycl

rower

pompa strażacka

 policjant

 samochód

 kobieta

latarnia uliczna

 mieszkania

13

kolejka

kostki

flet prosty

robot

bębenki

naszyjnik

aparat
fotograficzny

koraliki

lalki

gitara

pierścionek

domek
dla lalek

Sklep z zabawkami

organki

gwizdek

cegły

zamek

łódź
podwodna

trąbka

strzały

łuk

spadochron

łódź

farby do twarzy

walec drogowy

maski

samochód wyścigowy

koń na biegunach

skarbonka

kulki

marionetki

fortepian

kosmonauci

dźwig

ciastolina

pistolet

żołnierze

farby

rakieta

namioty

kanał

kłody

wieś

ćma

most

barka

wodospad

sowa

tunel

lisięta

kret

rybak

skały

ropucha

pociąg

przyczepa
mieszkalna

pagórek

23

stóg siana

owczarek

kaczki

jagnięta

staw

kurczęta

poddasze

chlew

byk

kaczątka

kurnik

traktor

Gospodartwo rolne

kogut

gęsi

cysterna

stodoła

błoto

wóz

24

rolnik

pole

kury

cielę

płot

siodło

obora

krowa

pług

sad

stajnia

prosięta

pasterka

indyki

strach na wróble

zagroda

siano

owca

snopki słomy

koń

świnie

25

żaglówka

Wybrzeże

muszelka

morze

wiosło

latarnia morska

łopata

wiadro

gwiazda morska

zamek z piasku

parasol

flaga

marynarz

krab

mewa

wyspa

motorówka

narciarz wodny

26

fale

kapelusz
przeciwsłoneczny

urwisko

statek

kajak

lina

kamyki

wodorosty

sieci

wiosło

statek rybacki

płetwy

osioł

ryba

kostium
kąpielowy

tankowiec

plaża

łódź wiosłowa

leżak

27

Szkoła

nożyczki

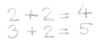

obliczenie

gumka

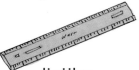

linijka

zdjęcia

flamastry

pinezki

farby

chłopiec

ołówek

tablica

biurko

książki

pióro

klej

kreda

rysunek

28

kosz na śmieci

nauczyciel

pudło

mapa

pędzel

sufit

ściana

podłoga

notes

alfabet

odznaka

akwarium

papier

żaluzje

a ą b c ć d e ę f
g h i j k l ł m n ń
o ó p q r s ś t u
v w x y z ż ź

klamka

roślina

globus

dziewczyna

kredki

lampa

tablica na stojaku

29

Szpital

pielęgniarz

wata

lekarstwo

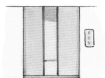
winda

szlafrok

kule

pigułki

taca

zegarek na rękę

termometr

zasłona

pluszowy miś

jabłko

gips

bandaż

wózek inwalidzki

układanka

doktor

strzykawka

30

Doktor

pantofle

komputer

plaster

banan

winogrona

koszyk

zabawki

gruszka

karty

pieluszka

laska

telewizja

koszula
nocna

piżama

pomarańcza

chusteczki

komiks

poczekalnia

31

balon

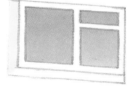

czekolada

cukierek

okno

sztuczne ognie

wstążka

ciastko

Przyjęcie

prezenty

słoma   świeczka   łańcuch z papieru

zabawki

mandarynka

salami

kaseta

kiełbasa

chrupki

przebranie

wiśnia

sok owocowy

malina

truskawka

żarówka

kanapka

masło

herbatnik

ser

chleb

obrus

Sklep

grejpfrut

marchew

kalafior

por

grzyb

ogórek

cytryna

seler

morela

melon

torba na zakupy

OWOCE I WARZYWA

SER

cebula

kapusta

brzoskwinia

sałata

groch

pomidor

34

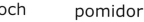

jajka

śliwka

mąka

waga

słoiki

mięso

 ananas

jogurt

koszyk

butelki

torebka

portmonetka

pieniądze

puszki

ziemniaki

szpinak

fasola

odprawa

dynia

wózek

Dni święty

urodziny

karta urodzinowa

świeczka

urlop

prezent

tort urodzinowy

dzień ślubu

aparat fotograficzny

druhna

panna młoda

pan młody

fotograf

Boże Narozdenie

renifer

sanie

Mikołaj

choinka

47

Pogoda

słońce

chmury

niebo

parasol

deszcz

błyskawica

mgła

śnieg

rosa

wiatr

mgła

mróz

tęcza

Pory roku

wiosna

lato

jesień

zima

Zwierzęta domowe

chomik

weterynarz

psia buda

świnka morska

szczenię

pies

papużka

jedzenie

papuga

dziób

królik

kanarek

klatka

kot

koszyk

mysz

kociak

mleko

złota rybka

49

Sport i ćwiczenie

wioślarstwo

snowboarding

żeglarstwo

windsurfing

koszykówka

krykiet

karate

rakieta

kij

tenis

futbol amerykański

gimnastyka

piłka

wędka

taniec

baseball

rybołówstwo

przynęta

rugby

nurkowanie

pływalnia

pływanie

bieg

łucznictwo

tarcza

latanie lotnią

bieganie

kolarstwo

hełm

wspinaczka

judo

piłka nożna

koń

kucyk

szafka

jazda konna

przebieralnia

badminton

tenis stołowy

łyżwy

łyżwiarstwo

kijek
narciarski

wyciąg
krzesełkowy

narta

narciarstwo

sumo

51

Kolory

pomaranćzowy

zielony

czarny

szary

brązowy

czerwony

biały

niebieski

różowy

fioletowy

żółty

Kształty

prostokąt

koło

romb

stożek

gwiazda

sześcian

owal

trójkąt

kwadrat

półksiężyc

52

Liczby

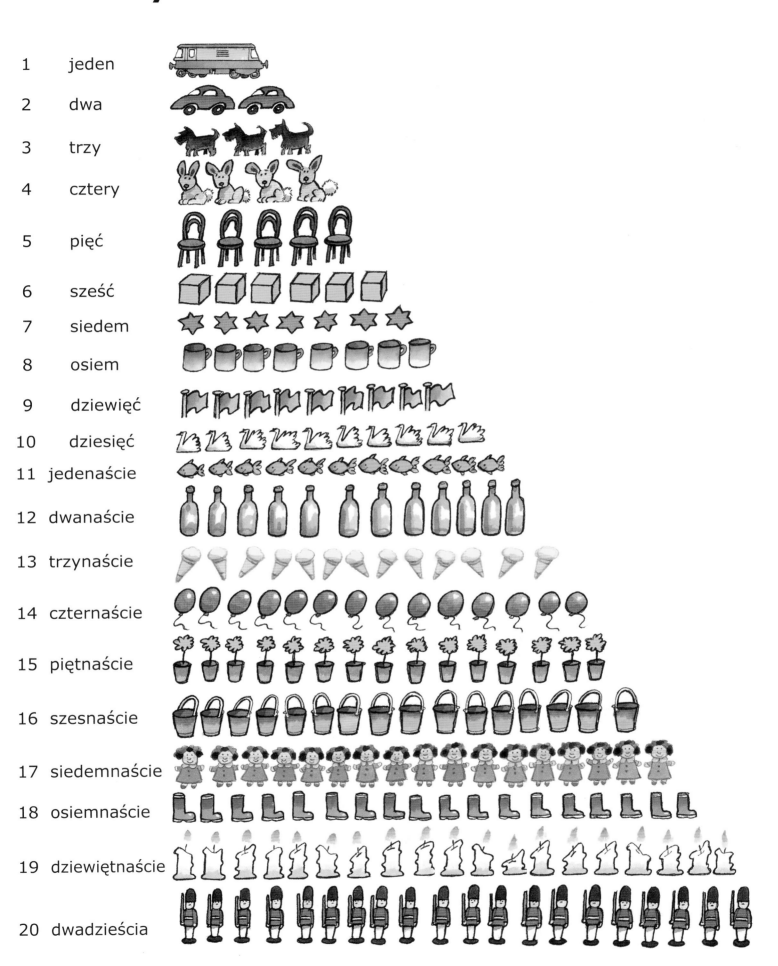

1	jeden
2	dwa
3	trzy
4	cztery
5	pięć
6	sześć
7	siedem
8	osiem
9	dziewięć
10	dziesięć
11	jedenaście
12	dwanaście
13	trzynaście
14	czternaście
15	piętnaście
16	szesnaście
17	siedemnaście
18	osiemnaście
19	dziewiętnaście
20	dwadzieścia

Wesołe miasteczko

karuzela

mata

zjeżdżalnia

karuzela

rzucanie
pierścieniami

kolejka duchów

prażona
kukurydza

kolejka górska

strzelnica

samochody elektryczne

wata cukrowa

Cyrk

linoskoczek

tyczka

trapez

lina

akrobata na jednym kole

drabina sznurowa

siatka zabezpieczająca

królik

akrobaci

mistrz ringu

pies

kuglarz

obręcz

cylinder

kokarda

orkiestra

woltyżer

klown

55

Word list

In this list, you can find all the Polish words in the book, listed in alphabetical order. Next to each one, you can see its pronunciation (how to say it) in letters *like this*, and then its English translation.

About Polish pronunciation

Read the pronunciation guide as if it were an English word, but try to remember the following points about how Polish words are said.

- The part of the word in bold type, *__like this__*, is the part you stress
- *__kh__* sounds like the ch in the Scottish word **loch**
- *__g__* is always a hard sound, like the **g** in **get**
- *__i__* is a sound in between the **i** in **chip** and the **ee** in **cheese**
- *__y__* is like the **y** in **yet**, except at the end of a word where it is like the **y** in **city**
- *__zh__* is like the **s** in **treasure**

A

akrobaci	*akro__bach__i*	acrobats
akrobata na jednym kole	*akro__bat__a na __yed__nim kole*	trick cyclist
aktor	*ak__tor__*	actor
aktorka	*ak__tor__ka*	actress
akumulator	*akoomoo__lat__or*	battery
akwarium	*ak__var__eeoom*	aquarium
alfabet	*al__fa__bet*	alphabet
ambulans	*am__boo__lans*	ambulance
ananas	*a__nan__as*	pineapple
antena	*an__ten__a*	aerial
aparat fotograficzny	*a__par__at fotogra__feech__ny*	camera
artysta	*ar__tees__ta*	artist
astronauta	*astro__now__ta*	astronaut
autobus	*__ow__toebus*	bus
automat biletowy	*__ow__toemat bile__tov__y*	ticket machine

B

babcia	*__bab__cha*	grandmother
badminton	*bad__meen__ton*	badminton
bagażnik	*ba__gazh__nik*	boot (of a car)
balon	*__bal__on*	balloon, hot-air balloon
banan	*__ban__an*	banana
bandaż	*__band__azh*	bandage
barka	*__bar__ka*	barge
barki	*__bar__ki*	shoulders
baseball	*__base__ball*	baseball
beczka	*__bech__ka*	barrel
benzyna	*ben__zeen__a*	petrol
bębenki	*bem__benk__i*	drums
biały	*__byow__y*	white
bić się	*__beech__ sheh*	fight
biedronka	*bye__dron__ka*	ladybird
bieg	*__byeg__*	race
biegać	*__byeg__ach*	to run
bieganie	*bye__gan__ye*	jogging
biurko	*__byoor__ko*	desk
blisko	*__blees__ko*	near
bluza sportowa	*__bloo__za spor__tov__a*	sweatshirt
błoto	*__bwo__toe*	mud
błyskawica	*bwiska__veet__sa*	lightning
boisko	*bo__yees__ko*	playground
borsuk	*__bor__sook*	badger
Boże Narodzenie	*__bozhe__ naro__dzen__ye*	Christmas Day
bóbr	*__boo__br*	beaver
brać	*__brach__*	to take
brat	*__brat__*	brother

brązowy	*bron__zov__y*	brown
brew	*__brev__*	eyebrow
brudny	*__brood__ny*	dirty
brzoskwinia	*bshosk__veen__ya*	peach
brzuch	*__bshookh__*	tummy
bułki	*__boow__ki*	(bread) rolls
butelki	*boo__tel__ki*	bottles
buty	*__boo__ty*	shoes
buty sportowe	*__boo__ty spor__tove__*	trainers
byk	*__bik__*	bull

C

cebula	*tse__boo__la*	onion
cegły	*__tseg__wy*	bricks
chleb	*__hleb__*	bread
chlew	*__hlev__*	pigsty
chłopiec	*__hwop__yets*	boy
chmury	*__hmoo__ry*	clouds
chodnik	*__hod__neek*	pavement
chodzić	*__hod__jeech*	to walk
choinka	*ho__yeen__ka*	Christmas tree
chomik	*__hom__eek*	hamster
chrupki	*__hroop__ki*	crisps
chusteczka	*hoos__tech__ka*	handkerchief
chusteczki	*hoos__tech__ki*	tissues
ciastko	*__chast__ko*	cake
ciastolina	*__chas__toleena*	playdough
ciąć	*__chonch__*	to cut
ciągnąć	*__chong__nonch*	to pull
cielę	*__chel__eh*	calf
ciemny	*__chem__ny*	dark
cieplarnia	*che__plar__nya*	greenhouse
ciężarówka	*chownzha__roof__ka*	lorry
ciotka	*__chot__ka*	aunt
córka	*__tsoor__ka*	daughter
cukier	*__tsoo__kyer*	sugar
cukierek	*tsoo__kyer__ek*	sweet
cylinder	*tsi__leen__der*	top hat
cyrk	*__tsirk__*	circus
cysterna	*tsi__ster__na*	tanker, gas tanker
cytryna	*tsi__treen__a*	lemon
czajnik	*__chay__neek*	kettle
czapka	*__chap__ka*	cap
czarny	*__char__ny*	black
czekać	*__chek__ach*	to wait
czekolada	*cheko__lada__*	chocolate
czekolada na gorąco	*cheko__lada__ na go__ron__tso*	hot chocolate
czerwony	*cher__von__y*	red
czołgać się	*__chow__gach sheh*	crawl
czternaście	*chter__nash__che*	fourteen

Polish	Pronunciation	English
cztery	*chtery*	four
czwartek	*chwartek*	Thursday
czynności	*chininoshchi*	actions
czysty	*chisty*	clean
czytać	*chitach*	to read

Ć

Polish	Pronunciation	English
ćwiczenie	*chveechenye*	exercise
ćma	*chma*	moth

D

Polish	Pronunciation	English
dach	*dakh*	roof
daleko	*daleko*	far
delfin	*delfeen*	dolphin
dentysta	*denteesta*	dentist
deser	*deser*	pudding
deska do prasowania	*deska do prasovanya*	ironing board
deska	*deska*	plank
deskorolka	*deskorolka*	skateboard
deszcz	*deshch*	rain
długi	*dwoogi*	long
dmuchać	*dmoohach*	to blow
dni	*dnee*	days
dni święty	*dnee shvyenty*	special days
dobry	*dobry*	good
doktor	*doktor*	doctor
dół	*doow*	bottom (not top)
dom	*dom*	house, home
domek dla lalek	*domek dla lalek*	doll's house
drabina	*drabeena*	ladder
drabina sznurowa	*drabeena shnoorova*	rope ladder
drewno	*drevno*	wood
droga	*droga*	road
drogowskaz	*drogofskaz*	signpost
druhna	*droona*	bridesmaid
drzewa	*dzheva*	trees
drzewo	*dzhevo*	tree
drzwi	*dzhvee*	door
duży	*doozhy*	big
dwa	*dva*	two
dwadzieścia	*dvajeshcha*	twenty
dwanaście	*dvanashche*	twelve
dworzec kolejowy	*dvozhets koleyovy*	railway station
dym	*dim*	smoke
dynia	*dinya*	pumpkin
dystrybutor	*distribootor*	petrol pump
dywan	*divan*	carpet
dywanik	*divanik*	rug
dziadek	*jadek*	grandfather
dzieci	*jechi*	children
dzień ślubu	*jenn shlooboo*	wedding day
dziesięć	*jeshench*	ten
dziewczyna	*jefchinna*	girl
dziewięć	*jevyench*	nine
dziewiętnaście	*jevyentnashche*	nineteen
dziób	*joob*	beak
dziura	*joora*	hole
dziurki do guzików	*joorki do goozheekoof*	button holes
dźwig	*jweeg*	crane
dżdżownica	*dzhoovneetsa*	worm
dżem	*jem*	jam
dżinsy	*jeensy*	jeans

F

Polish	Pronunciation	English
fabryka	*fabrika*	factory
fale	*fale*	waves
farby	*farby*	paints
farby do twarzy	*farby do tvazhy*	face paints
fartuch	*fartookh*	apron
fasola	*fasola*	beans
filiżanki	*filizhanki*	cups
fioletowy	*fioletovy*	purple
flaga	*flaga*	flag
flamastry	*flamastry*	felt-tips
flet prosty	*flet prosty*	recorder
foka	*foka*	seal
fortepian	*fortepyan*	piano
fotograf	*fotograf*	photographer
frytki	*fritki*	chips
fryzjer	*frizyer*	hairdresser
furgonetka	*foorgonetka*	van
furtka	*foortka*	gate
futbol amerykański	*footbol amerikannski*	American football

G

Polish	Pronunciation	English
garaż	*garazh*	garage
gąsienica	*gonsheneetsa*	caterpillar
gazeta	*gazeta*	newspaper
gąbka	*gonbka*	sponge
gęsi	*genshi*	geese
gimnastyka	*jeemnastika*	gym
gips	*geeps*	plaster
gitara	*geetara*	guitar
globus	*globus*	globe
głowa	*gwova*	head
gniazdo	*gnyazdo*	bird's nest
gołąb	*gowonb*	pigeon
gorący	*gorontsy*	hot
goryl	*goril*	gorilla
gospodarstwo rolne	*gospodarstvo rolne*	farm
gotować	*gotovach*	to cook
góra	*goora*	mountain, top
góra lodowa	*goora lodova*	iceberg
grabie	*grabye*	rake
grać	*grach*	to play
grejpfrut	*greypfroot*	grandmother
groch	*grokh*	peas
gruby	*grooby*	fat
gruszka	*grooshka*	pear
grzanka	*gshanka*	toast
grzebień	*gshebyen*	comb
grzyb	*gshib*	mushroom
gumka	*goomka*	rubber
guziki	*goozheeki*	buttons
gwiazda	*gvyazda*	star
gwiazda morska	*gvyazda moorska*	starfish
gwizdek	*gveezdek*	whistle
gwoździe	*gvozhje*	nails
gwoździki	*gvozhjeeki*	tacks

H

Polish	Pronunciation	English
hall	*hal*	hall
hamburger	*hamboorger*	hamburger
hebel	*hebel*	(shaving) plane
helikopter	*helikopter*	helicopter
hełm	*helm*	helmet
herbata	*herbata*	tea

Polish	Pronunciation	English
herbatnik	*her**bat**neek*	biscuit
hipopotam	*heepo**pot**am*	hippopotamus
hotel	***hot**el*	hotel
huśtawka	*hoosh**tav**ka*	seesaw
huśtawki	*hoosh**tav**ki*	swings

I

Polish	Pronunciation	English
imadło	*i**mad**wo*	vice
imbryczek	*im**bri**chek*	teapot
indyki	*in**dee**ki*	turkeys

J

Polish	Pronunciation	English
ja	***ya***	I
jabłko	***yab**ko*	apple
jacht	***yakht***	yacht
jagnięta	*yag**nyen**ta*	lambs
jajka	***yai**ka*	eggs
jajko	***yai**ko*	egg
jajko gotowane	***yai**ko goto**vane***	boiled egg
jajko sadzone	***yai**ko **sad**zohne*	fried egg
jasny	***yas**ny*	light
jaszczurka	*yash**choor**ka*	lizard
jazda konna	***yaz**da **kon**ina*	riding
jeden	***ye**den*	one
jedenaście	*yede**nash**che*	eleven
jedzenie	*yed**zen**ye*	food
jeleń	***ye**lenn*	deer
jesień	***ye**shenn*	autumn
jeść	***yesh**ch*	to eat
jezioro	*ye**zhor**o*	lake
jeż	***yezh***	hedgehog
język	***yown**zik*	tongue
jogurt	***yo**goort*	yoghurt
judo	***yoo**do*	judo

K

Polish	Pronunciation	English
kaczątka	*ka**chon**tka*	ducklings
kaczki	*ka**ch**ki*	ducks
kafelki	*ka**fel**ki*	tiles
kajak	***ka**yak*	canoe
kalafior	*kala**fyor***	cauliflower
kalendarz	*ka**len**dazh*	calendar
kaloryfer	*kalo**rif**er*	radiator
kalosze	*ka**losh**e*	boots
kałuża	*ka**woozh**a*	puddle
kamienie	*ka**myen**ye*	stones
kamizelka	*kami**zel**ka*	vest
kamyki	*ka**mee**ki*	pebbles
kanał	***ka**now*	canal
kanapa	*ka**nap**a*	sofa
kanapka	*ka**nap**ka*	sandwich
kanarek	*ka**nar**ek*	canary
kangur	***kan**goor*	kangaroo
kapelusz	*ka**pel**ush*	hat
kapelusz przeciwsło- neczny	*ka**pel**ush pshechivswo- **nech**ny*	sunhat
kapusta	*ka**poos**ta*	cabbage
karate	*ka**rat**e*	karate
karta urodzinowa	***kar**ta ooroji**nov**a*	birthday card
karty	***kar**ty*	cards
karuzela	*karoo**zel**a*	big wheel, roundabout
kaseta	*ka**set**a*	cassette tape
kawa	***ka**va*	coffee
kawiarna	*ka**viar**na*	café
kciuk	***kchook***	thumb
kelner	***kel**ner*	waiter
kelnerka	*kel**ner**ka*	waitress
kielnia	***kyel**nya*	trowel

Polish	Pronunciation	English
kiełbasa	*kyew**bas**a*	sausage
kierowca autobusu	*kye**rov**tsa owtoe**boo**soo*	bus driver
kierowca ciężarówki	*kye**rov**tsa chownzha**roof**ki*	lorry driver
kieszenie	*kye**shen**ye*	pockets
kij	***keey***	bat (for sport)
kijanki	***kee**yanki*	tadpoles
kijek narciarski	***kee**yek nar**char**ski*	ski pole
kino	***kee**no*	cinema
klamka	***klam**ka*	door handle
klatka piersiowa	***klat**ka pyer**shov**a*	chest (body)
klatka	***klat**ka*	cage
klej	***kley***	glue
klown	***klown***	clown
klucz	***klooch***	key, spanner
kłody	***kwo**dy*	logs
kobieta	*ko**byet**ka*	woman
kociak	***ko**chak*	kitten
kogut	***ko**goot*	cockerel
kokarda	*ko**kar**da*	bow tie
kolacja	*ko**lat**sya*	supper
kolano	*ko**lan**o*	knee
kolarstwo	*ko**lar**stvo*	cycling
kolejka	*ko**ley**ka*	train set
kolejka duchów	*ko**ley**ka **doo**hoof*	ghost train
kolejka górska	*ko**ley**ka **goor**ska*	big dipper
kolory	*ko**lor**y*	colours
koło	***koe**wo*	circle, wheel
komiks	***ko**miks*	comic
komin	***ko**min*	chimney
komoda	***ko**moda*	chest of drawers
komputer	*kom**poo**ter*	computer
konewka	*ko**nev**ka*	watering can
kontroler biletow	*kon**tro**ler bi**let**oof*	ticket inspector
koń	***konn***	horse
koń na biegunach	***konn** na bye**goo**nakh*	rocking horse
kopać	***ko**pach*	to dig
koparka	*ko**par**ka*	digger
koraliki	*kora**lee**ki*	beads
kosiarka do trawy	*ko**shar**ka do **trav**y*	lawn mower
kosmonauci	*kosmo**now**chi*	spacemen
kostium kąpielowy	***kos**tume kompye**lov**y*	swimsuit
kostki	***kost**ki*	dice
kosz na śmieci	***kosh** na **shmyech**i*	wastepaper bin
koszula	*ko**shoo**la*	shirt
koszula nocna	*ko**shoo**la **nots**na*	nightdress
koszyk	***ko**shik*	basket
koszykówka	*koshi**koof**ka*	basketball
kość	***koshch***	bone
kot	***kot***	cat
koza	***ko**za*	goat
krab	***krab***	crab
kraj	***krai***	country
krawat	***kra**vat*	tie
kreda	***kre**da*	chalk
kredki	***kred**ki*	crayons
kret	***kret***	mole
krokodyl	***kro**kodil*	crocodile
krowa	***kro**va*	cow
królik	***kroo**lik*	rabbit
krótki	***kroot**ki*	short

krykiet	**kreek**yet	cricket (sport)
krzak	**kshak**	bush
krzesło	**kshes**woe	chair
książki	**kshonzh**ki	books
księżyc	**kshen**zhits	moon
kształty	**kshtaw**ty	shapes
kuchenka	ku**hen**ka	cooker
kuchnia	**kookh**nya	kitchen
kucyk	**koot**sik	pony
kuglarz	**koo**glazh	juggler
kule	**koo**le	crutches
kulki	**kool**ki	marbles
kupować	koo**pov**ach	to buy
kurczak	**koor**chak	chicken
kurczęta	koor**chen**ta	chicks
kurek	**koor**ek	tap
kurnik	**koor**nik	hen house
kurtka	**koor**tka	jacket
kury	**koor**y	hens
kuzyn	**koo**zin	(boy) cousin
kuzynka	koo**zin**ka	(girl) cousin
kwadrat	**kvad**rat	square
kwiaty	**kvyat**y	flowers
kwietnik	**kvyet**nik	flower bed

L

lalki	**lal**ki	dolls
lampa	**lam**pa	lamp
lampart	**lam**part	leopard
las	**las**	forest
laska	**las**ka	walking stick
latanie lotnią	la**tan**ye lot**nee**on	hang-gliding
latarnia morska	la**tar**nya **mor**ska	lighthouse
latarnia uliczna	la**tar**nya oo**leech**na	lamp post
latawiec	la**ta**vyets	kite
lato	**la**to	summer
lekarstwo	le**karst**vo	medicine
lew	**lev**	lion
lewy	**lev**y	left
leżak	**lez**hak	deck chair
liczby	**leech**by	numbers
lina	**lee**na	rope
lina	**lee**na	tightrope
linia kolejowa	**lee**nya kole**yov**a	railway track
linijka	lee**neek**a	ruler
linoskoczek	leeno**sko**chek	tightrope walker
lis	**lees**	fox
lisięta	lee**shen**ta	fox cubs
listonosz	lee**sto**nosh	postman
listy	**lees**ty	letters
liście	**leesh**che	leaves
lodówka	lo**doof**ka	fridge
lody	**lo**dy	ice cream
lokomotywa	lokomo**tiv**a	engine (train)
lotnisko	lot**nees**ko	airport
ludzie	**loo**je	people
lunch	**loonch**	lunch
lustro	**loos**tro	mirror
lwiątka	li**vyont**ka	lion cubs

Ł

łabędzie	wa**ben**je	swans
łańcuch z papieru	**wann**tsukh z pap**yer**oo	paper chains
łapać	wa**pach**	to catch
łapy	**wa**py	paws
łatwy	**wat**vy	easy
ławka	**wav**ka	bench

łazienka	wa**zhen**ka	bathroom
łódź	**woodj**	boat
łódź podwodna	**woodj** po**vod**na	submarine
łódź wiosłowa	**woodj** vyo**swo**va	rowing boat
łokieć	**wok**yech	elbow
łopata	wo**pa**ta	spade
łóżko	**woozh**ko	bed
łucznictwo	wooch**neets**vo	archery
łuk	**wook**	bow
łyżeczki	wi**zhech**ki	teaspoons
łyżki	**wizh**ki	spoons
łyżwiarstwo	wizh**vyarst**vo	ice skating
łyżwy	**wizh**vy	ice skates

M

majtki	**mait**ki	pants
malarz	**ma**lazh	painter
malina	ma**lee**na	raspberry
malować	ma**lov**ach	to paint
mało	**ma**woe	few
małpa	**maw**pa	monkey
mały	**ma**wy	small
mandarynka	manda**reen**ka	clementine
mapa	**ma**pa	map
marchew	**mar**hev	carrot
marionetki	mario**net**ki	puppets
martwy	**mart**vy	dead
marynarka	mari**nar**ka	coat
marynarz	ma**ree**nazh	sailor
maska	**mas**ka	bonnet (of a car)
maski	**mas**ki	masks
masło	**mas**wo	butter
maszynista	mashi**nees**ta	train driver
mata	**ma**ta	mat
matka	**mat**ka	mother
mąka	**mon**ka	flour
mąż	**monzh**	husband
mechanicy	meha**neets**y	mechanics
melon	**me**lon	melon
mewa	**me**va	seagull
mężczyzna	menzh**chiz**na	man
mgła	**mgwa**	fog, mist
miara taśmowa	**mya**ra tash**mov**a	tape measure
mieszkania	**myesh**kanya	flats
miękki	**myen**ki	soft
mięso	**myen**so	meat
Mikołaj	mee**kow**ai	Father Christmas
miotła	**myot**wa	broom
miód	**myood**	honey
miski	**meesh**ki	bowls
mistrz kucharski	**meestsh** ku**har**ski	chef
mistrz ringu	**meestsh reen**goo	ringmaster
mleko	**mle**ko	milk
młotek	**mwo**tek	hammer
mokry	**mo**kry	wet
morela	mo**re**la	apricot
rnorze	**mozh**e	sea
most	**most**	bridge
motocycl	mo**tot**sikl	motorcycle
motor	**mot**or	engine (car)
motorówka	moto**roof**ka	motor-boat
motyka	mo**tee**ka	hoe
motyl	**mot**il	butterfly
mój	**mooy**	my
mróz	**mrozh**	frost
mucha	**moo**ha	fly

59

muszelka	mooshelka	shell
myć	mich	to wash
mydło	midwo	soap
myjnia	meenya	car wash
mysz	mish	mouse
myśleć	mishlech	to think

N

na dole	na dole	downstairs
na górze	na goozhe	upstairs
na zewnątrz	na zevnontzh	out
narciarstwo	narcharstvo	skiing
narciarz wodny	narchazh vodny	water-skier
nad	nad	over
nakrętki	nakrentki	nuts
naleśniki	naleshniki	pancakes
namioty	namyoty	tents
narta	narta	ski
nasiona	nashona	seeds
naszyjnik	nasheenik	necklace
nauczyciel	naoochichel	teacher
niebieski	nyebyeski	blue
niebo	nyebo	sky
niedziela	nyejela	Sunday
niedźwiedź	nyejvyej	bear
niedźwiedź polarny	nyejvyej polarny	polar bear
niemowlę	nyemovleh	baby
nietoperz	nyetopesh	bat (animal)
niski	neeski	low
noc	nots	night
noga	noga	leg
nos	nos	nose
nosić	noshich	to carry
nosorożec	nosorozhets	rhinoceros
notes	notes	notebook
nowy	novy	new
noże	nozhe	knives
nożyczki	nozheechki	scissors
nurkowanie	noorkovanye	diving

O

obiad	obyad	dinner
obliczenie	obleechenye	sums
obora	obora	cowshed
obrazki	obrazki	pictures
obręcz	obrench	hoop
obrus	obroos	tablecloth
odkurzacz	odkoozhach	vacuum cleaner
odprawa	odprava	checkout
odznaka	odznaka	badge
oglądać	oglondach	to watch
ognisko	ogneesko	bonfire
ogon	ogon	tail
ogórek	ogoorek	cucumber
ogród	ogrood	garden
ogrodzenie	ogrodzenye	railings
ojciec	oychets	father
okno	okno	window
oko	oko	eye
olej	oley	oil
ołówek	owoovek	pencil
omlet	omlet	omelette
opona	opona	tyre
organki	organki	mouth organ
orkiestra	orkyestra	band
orzeł	ozhel	eagle
osa	osa	wasp
osiem	oshem	eight
osiemnaście	oshemnashche	eighteen
osioł	oshoow	donkey

ostatni	ostatni	last
otwarty	otvarty	open
owal	oval	oval
owca	ovtsa	sheep
owczarek	ovcharek	sheepdog
owoce	ovotse	fruit

P

pagórek	pagoorek	hill
pająk	pie-onch	spider
pajęczyna	pie-enchina	cobweb
palce	paltse	fingers
palce u nogi	paltse oo nogi	toes
pałeczki	powechki	chopsticks
pan młody	pan mwody	bridegroom
panda	panda	panda
panna młoda	panina mwoda	bride
pantofle	pantofle	slippers
papier	papyer	paper
papier ścierny	papyer shcherny	sandpaper
papier toaletowy	papyer toaletovy	toilet paper
papuga	papooga	parrot
papużka	papoozhka	budgerigar
parasol	parasol	umbrella
park	park	park
pas startowy	pas startovy	runway
pasek	pasek	belt
pasta do zębów	pasta do zemboof	toothpaste
pasterka	pasterka	shepherdess
patelnia	patelnya	frying pan
patyki	pateeki	sticks
pchać	p'hach	to push
pelikan	peleekan	pelican
pełny	pewny	full
peron	peron	platform
pędzel	pendzel	paintbrush
piaskownica	pyaskovneetsa	sandpit
piątek	pyontek	Friday
pić	peech	to drink
piekarz	pyekazh	baker
pielęgniarz	pyelengnyazh	(male) nurse
pieluszka	pyelooshka	nappy
pieniądze	pyenyondze	money
pieprz	pyepsh	pepper
pierścionek	pyershchonek	ring
pierwszy	pyevshe	first
pies	p'yes	dog
pięć	pyench	five
piętnaście	pyentnashche	fifteen
pigułki	peegoowki	pills
piknik	peekneek	picnic
pilnik	peelneek	file
pilot	peelot	pilot
piła	peewa	saw
piłka	peewka	ball
piłka nożna	peewka nozhna	football
pinezki	pinezki	drawing pins
pingwin	peengwin	penguin
pióra	pyoora	feathers
pióro	pyoro	pen
pisać	peesach	to write
pistolet	peestolet	gun
pizza	peetza	pizza
piżama	peezhama	pyjamas
planeta	planeta	planet
plaster	plaster	sticking plaster
plaża	plazha	beach
plecak	pletsak	backpack

Polish	Pronunciation	English
plecy	**plet**sy	back (of body)
pluszowy miś	ploo**shov**y **meesh**	teddy bear
płakać	**pwa**kach	to cry
płatki zbożowe	**pwat**ki zbo**zho**ve	cereal
płetwonurek	pwetvo**noo**rek	frogman
płetwy	**pwet**vy	flippers
płot	**pwot**	fence
pług	**pwoog**	plough
płyta kompaktowa	**pwi**ta kompac**to**va	CD
pływalnia	pwi**val**nya	swimming pool
pływanie	pwi**va**nye	swimming
pociąg	**po**chong	train
pociąg towarowy	**po**chong tova**ro**vy	goods train
poczekalnia	poche**kal**nya	waiting room
pod	**pod**	under
podbródek	pod**brood**ek	chin
poddasze	pod**dash**e	loft
podłoga	pod**wog**a	floor
podróż	**pod**roozh	travel
poduszka	po**doosh**ka	cushion, duvet, pillow
pogoda	po**go**da	weather
pojemnik na śmieci	po**yem**neek na **shmyech**i	dustbin
pole	**po**le	field
polewaczka	pole**vach**ka	sprinkler
policjant	po**leet**syant	policeman
policjantka	po**leet**syant**ka	policewoman
policzek	po**lee**chek	cheek
pomarańcza	poma**ran**cha	orange (fruit)
pomarańczowy	pomaran**chov**y	orange (colour)
pomidor	po**mee**dor	tomato
pomoc drogowa	**po**moots dro**go**va	breakdown lorry
pompa strażacka	**pom**pa stra**zhat**ska	fire engine
poniedziałek	ponye**jow**ek	Monday
por	**por**	leek
poranek	po**ra**nek	morning
portmonetka	portmo**net**ka	purse
pory roku	**po**ry **ro**ku	seasons
pośladki	posh**lad**ki	bottom (of body)
potok	**pot**ok	stream
powolny	po**vol**ny	slow
półksiężyc	pook**shen**zhyts	crescent
pralka	**pral**ka	washing machine
prawy	**pra**vy	right
prażona kukurydza	**pra**zhona kookoo**rid**za	popcorn
prezent	**pre**zent	present
prezenty	pre**zen**ty	presents
prosięta	pro**shen**ta	piglets
prostokąt	**pro**stokont	rectangle
proszek do prania	**pro**shek do **pran**ya	washing powder
prysznic	**prish**neets	shower
przebieralnia	pshebye**ral**nya	changing room
przebranie	pshe**bran**ye	fancy dress
przeciwieństwa	pshechee-**vyenst**va	opposites
przejście	**psheysh**che	crossing
przełącznik	pshe**wonch**neek	switch
przestrzeń	**pshest**shenn	space
prześcieradło	pshesh**che**rad**wo	sheet
przód	**pshood**	front
przyczepa	pshi**chep**a	trailer
przyczepa mieszkalna	pshi**chep**a myesh**kal**na	caravan
przyjęcie	pshi**yen**che	party
przynęta	pshi**nen**ta	bait
psia buda	**psha boo**da	kennel
pszczoła	psh**chow**a	bee
ptaki	**pta**ki	birds
pudło	**pood**wo	box
purée ziemniaki	**poo**ray zhem**nya**ki	mashed potatoes
pusty	**poos**ty	empty
puszka z farbą	**poosh**ka **sfar**bon	paint pot
puszki	**poosh**ki	tins

R

Polish	Pronunciation	English
radio	**ra**dio	radio
rajstopy	rai**sto**py	tights
rakieta	ra**kyet**a	rocket, racket
ramię	**ram**yeh	arm
rąbać	**ron**bach	to chop
reflektory	reflek**tor**y	headlights
rekin	**re**keen	shark
renifer	re**nee**fer	reindeer
ręcznik	**rench**neek	towel
ręka	**ren**ka	hand
rękawiczki	renka**veech**ki	gloves
robić	**ro**beech	to make
robić na drutach	**ro**beech na **droo**takh	to knit
robot	**ro**bot	robot
rodziny	ro**jee**ny	families
rogi	**ro**gi	horns
rolnik	**rol**neek	farmer
romb	**romb**	diamond
rondle	**ron**dle	saucepans
ropucha	ro**poo**ha	toad
rosa	**ro**sa	dew
roślina	rosh**lee**na	plant
rower	**ro**ver	bicycle
rower na trzech kółkach	**ro**ver na **tshekh koow**kakh	tricycle
rozmawiać	roz**mav**yach	to talk
różowy	roo**zhov**y	pink
rugby	**roog**by	rugby
rury	**roo**ry	pipes
ryba	**ri**ba	fish
rybak	**ri**bak	fisherman
rybołówstwo	robo**woost**vo	fishing
rysunek	ri**soo**nek	drawing
ryż	**rizh**	rice
rzeka	**zhe**ka	river
rzeźnik	**zhezh**neek	butcher
rzucać	**zhut**sach	to throw
rzucanie pierścieniami	zhut**san**ye pyer-shchen**ya**mi	hoop-la

S

Polish	Pronunciation	English
sad	**sad**	orchard
salami	sa**la**mi	salami
salon	**sal**on	living room
sałata	sa**wa**ta	lettuce, salad
samochód	**sa**mohood	car
samochód wyścigowy	**sa**mohood vishchi**go**vy	racing car
samochody elektryczne	**sa**mohood elek**trich**ne	dodgems
samolot	**sa**molot	plane
sandały	san**dow**y	sandals
sanie	**san**ye	sleigh

61

Polish	Pronunciation	English
schody	*sho*dy	stairs
scyzoryk	stsy*zor*ik	penknife
seler	*se*ler	celery
ser	*ser*	cheese
sędzia	*sen*ja	judge
siano	*sha*no	hay
siatka zabez-pieczająca	*shat*ka zabez-pyecha*yon*tsa	safety net
sieci	*shech*i	net
siedem	*shed*em	seven
siedemnaście	*shed*em*nash*che	seventeen
siedzieć	*shed*jech	to sit
siekiera	she*kyer*a	axe
siodło	*shod*wo	saddle
siostra	*shoo*stra	sister
skakać	*ska*kach	to jump, to skip
skakanka	ska*kan*ka	skipping rope
skały	*skow*y	rocks
skarbonka	skar*bon*ka	money box
skarpetki	skar*pet*ki	socks
sklep	*sklep*	shop
sklep z zabawkami	*sklep* ze zabav*ka*mi	toyshop
skoczek	*sko*chek	jumper
skrzydło	*skshid*wo	wing
skrzynka na narzędzia	*skshin*ka na na*shen*ja	tool box
słoiki	swo*ee*ki	jars
słoma	*swo*ma	straw
słoń	*swonn*	elephant
słońce	*swon*tse	sun
słuchać	*swoo*hach	to listen
smycz	*smich*	(dog) lead
snopki słomy	*snop*ki *swom*y	straw bales
snowboarding	*sno*bording	snowboarding
sobota	so*bo*ta	Saturday
sok owocowy	sok ovo*tsov*y	fruit juice
sos	*sos*	sauce
sowa	*so*va	owl
sól	*sool*	salt
spacerówka	spatse*roof*ka	push-chair
spać	*spach*	to sleep
spadochron	*spa*dohron	parachute
spaghetti	spa*get*ti	spaghetti
spodki	*spod*ki	saucers
spodnie	*spod*nye	trousers
sport	*sport*	sport
spódnica	spood*neet*sa	skirt
sprzączka	sp*shonch*ka	buckle
stajnia	*stai*nya	stable
stary	*star*y	old
statek	*sta*tek	ship
statek kosmiczny	*sta*tek kos*meech*ny	spaceship
statek rybacki	*sta*tek ri*bat*ski	fishing boat
staw	*stav*	pond
steward	*stew*ard	air steward
stewardesa	stewar*des*a	air hostess
stodoła	sto*dow*a	barn
stolarz	*sto*lazh	carpenter
stopa	*sto*pa	foot
stopnie	*stop*nye	steps
stożek	*sto*zhek	cone
stóg siana	*stoog sha*na	haystack
stół	*stoow*	table
strach na wróble	*strakh* na *vroo*ble	scarecrow
strażak	*stra*zhak	fireman
struganie	stru*ga*nye	shavings
struś	*strush*	ostrich
strzały	*stshow*y	arrows
strzelnica	stshel*neet*sa	rifle range
strzykawka	stshi*kav*ka	syringe
suchy	*soo*hy	dry
sufit	*soo*feet	ceiling
sukienka	soo*kyen*ka	dress
sumo	*soo*mo	sumo wrestling
sweter zapinany	*sve*ter zapi*na*ny	cardigan
sygnalizator	signali*za*tor	signals
syn	*sin*	son
sypialnia	si*pyal*nya	bedroom
szafa	*shaf*a	wardrobe
szafka	*shaf*ka	cupboard, locker
szalik	*sha*leek	scarf
szary	*sha*ry	grey
szczenię	*shchen*yeh	puppy
szczoteczka do zębów	shcho*tech*ka do *zem*boof	toothbrush
szczotka	*shchot*ka	brush
szczotka do włosów	*shchot*ka do *vwo*soof	hairbrush
szczupły	*shchoop*wy	thin
szesnaście	shes*nash*che	sixteen
sześcian	*shesh*chan	cube
sześć	*sheyshch*	six
szklanki	*shklan*ki	glasses (for drinking)
szkoła	*shkow*a	school
szlafrok	*shlaf*rok	dressing gown
sznurek	*shnoo*rek	string
sznurowadło	shnooro*vad*wo	shoelace
szopa	*sho*pa	shed
szorty	*shor*ty	shorts
szpinak	*shpee*nak	spinach
szpital	*shpee*tal	hospital
sztuczne ognie	*shtooch*ne *og*nye	fireworks
szuflada	*shoo*flada	drawer
szybko	*shib*ko	fast
szyć	*shich*	to sew
szyja	*shi*ya	neck
szynka	*shin*ka	ham

Ś

Polish	Pronunciation	English
ściana	*shcha*na	wall
ściereczka do kurzu	shche*rech*ka do *ku*zhu	duster
ściereczka do naczyń	shche*rech*ka do *na*chinn	tea towel
ścieżka	*shchezh*ka	path
ślimak	*shlee*mak	snail
śliwka	*shleev*ka	plum
śluza	*shloo*za	lock
śmiać się	*shmyach sheh*	laugh
śmieci	*shmye*chi	rubbish
śmietanka	shmye*tan*ka	cream
śmietniczka	shmyet*neech*ka	dustpan
śniadanie	shnya*dan*ye	breakfast
śnieg	*shnyeg*	snow
śpiewać	*shpyev*ach	to sing
śpiewacy	shpye*vat*sy	singers
środa	*shro*da	Wednesday
śrubki	*shroob*ki	screws, bolts
śrubokręt	*shroo*bokrent	screwdriver
światła uliczne	*shvyat*wa oo*leech*ne	traffic lights
świder	*shvee*der	drill
świeczka	*shvyech*ka	candle
świnie	*shvee*nye	pigs
świnka morska	*shveen*ka *mor*ska	guinea pig

T

tablica	tableetsa	board
tablica na stojaku	tableetsa na stoyaku	easel
taboret	taboret	stool
taca	tatsa	tray
taczki	tachki	wheelbarrow
taksówka	taksoofka	taxi
talerze	talezhe	plates
tancerze	tantsezhe	dancers
taniec	tanyets	dance
tankowiec	tankovyets	oil tanker
tańczyć	tannchich	to dance
tarcza	tarcha	target
targ	targ	market
telefon	telefon	telephone
teleskop	teleskop	telescope
telewizja	televeezya	television
tenis	tenis	tennis
tenis stołowy	tenis stowovy	table tennis
termometr	termometr	thermometer
tęcza	tencha	rainbow
toaleta	toaleta	toilet
torba na zakupy	torba na zakoopy	carrier bag
torebka	torebka	handbag
tort urodzinowy	tort urojeenovy	birthday cake
traktor	traktor	tractor
trapez	trapez	trapeze
trawa	trava	grass
trąba	tronba	trunk
trąbka	tronbka	trumpet
trociny	trocheeny	sawdust
trójkąt	trooykont	triangle
trudny	troodny	difficult
truskawka	trooskavka	strawberry
trzy	tshy	three
trzynaście	tshynashche	thirteen
T-shirt	T-shirt	T-shirt
tunel	toonel	tunnel
twardy	tvardy	hard
twarz	tvazh	face
tyczka	tichka	pole
tygrys	tigris	tiger
tył	tiw	back (not front)

U

ubranie	oobranye	clothes
układanka	ookwadanka	jigsaw
ukrywać się	ookrivach sheh	hide
ul	ool	beehive
ulica	ooleetsa	street
umywalka	oomivalka	washbasin
upadać	oopadach	to fall
urlop	oorlop	holiday
urodziny	oorojeeny	birthday
urwisko	oorveesko	cliff
usta	oosta	mouth
uszy	ooshy	ears
uśmiechać się	ooshmyehach sheh	smile

W

w	ve	in
waga	vaga	scales
wagony	vagony	carriages
walec drogowy	valets drogovy	roller
walizka	valeezka	suitcase
wanna	vanina	bath
wargi	vargi	lips
warsztat	varshtat	workshop
warsztat pracy	varshtat pratsy	workbench
warzywa	wazhiva	vegetables
wata	wata	cotton wool
wata cukrowa	wata cukrova	candy floss
wąż	wonzh	snake
wąż gumowy	wonzh goomovy	hosepipe
wesołe miasteczko	vesowe myastechko	fairground
weterynarz	veterinazh	vet
wędka	vendka	fishing rod
wiadro	vyadro	bucket
wiatr	vyatr	wind
wiatrak	vyatrak	windmill
widelce	veedeltse	forks
wideo	veedeo	video
widły	veedwy	(garden) fork
wieczór	vyechor	evening
wielbłąd	vyelbwond	camel
wiele	vyele	many
wieloryb	vyelorib	whale
wieszak	vyeshak	pegs
wieś	vyesh	village
wiewiórka	vyevyoorka	squirrel
wieża kontrolna	vyezha kontrolna	control tower
wilk	veelk	wolf
winda	veenda	lift
windsurfing	veendsoorfing	windsurfing
winogrona	veenogrona	grapes
wioślarstwo	vyoshlarstvo	rowing
wiosło	vyoswo	oar, paddle
wiosna	vyosna	spring
wiśnia	veeshnya	cherry
włosy	vwosy	hair
woda	voda	water
wodorosty	vodorosty	seaweed
wodospad	vodospad	waterfall
woltyżer	voltizher	bareback rider
wóz	voozh	cart
wóz policyjny	voozh poleetseeny	police car
wózek	voozhek	trolley
wózek dziecinny	voozhek jecheeniny	pram
wózek inwalidzki	voozhek eenvaleedski	wheelchair
wrotki	vrotki	roller blades
wspinać się	vspeenach sheh	climb
wspinaczka	vspeenachka	climbing
wstążka	vstonzhka	ribbon
wtorek	vtorek	Tuesday
wujek	vooyek	uncle
wybrzeże	vibshezhe	seaside
wyciąg krzesełkowy	vichong kshesewkovy	chairlift
wysoko	visoko	high
wyspa	vispa	island

Z

zabawki	zabavki	toys
zagroda	zagroda	farmhouse
zamek	zamek	castle
zamek błyskawiczny	zamek bwiskaveechny	zip
zamek z piasku	zamek z pyasku	sandcastle
zamiatać	zamyatach	to sweep
zamknięty	zamknyenty	closed
zapałki	zapowki	matches
zasłona	zaswona	curtain
zbić	zbeech	to break

zbierać	*zbyerach*	to pick
zderzak	*zdezhak*	buffers (train)
zdjęcia	*zdyencha*	photographs
zebra	*zebra*	zebra
zegar	*zegar*	clock
zegarek na ręke	*zegarek na renkeh*	wristwatch
zęby	*zemby*	teeth
zielony	*zhelony*	green
ziemia	*zhemya*	earth
ziemniaki	*zhemnyaki*	potatoes
zima	*zheema*	winter
zimny	*zheemny*	cold
zjeżdżalnia	*zyezhjalnya*	slide, helter-skelter
zlewozmywak	*zlevozmivak*	sink
złota rybka	*zwota ribka*	goldfish
zły	*zwy*	bad
zoo	*zoo*	zoo
zmywak	*zmivak*	mop

zupa	*zoopa*	soup
zwierzęta domowe	*zvyezhenta domove*	pets

Ż

żaba	*zhaba*	frog
żaglówka	*zhagloofka*	sailing boat
żaluzje	*zhaloozye*	blind (for a window)
żarówka	*zharoofka*	(light) bulb
żeglarstwo	*zheglarstvo*	sailing
żelazko	*zhelazko*	iron
żołnierze	*zholnyezhe*	soldiers
żona	*zhona*	wife
żółty	*zhooty*	yellow
żółw	*zhoov*	tortoise
żubr	*zhoobr*	bison
żyrafa	*zhirafa*	giraffe
żywopłot	*zhivopwot*	hedge
żywy	*zhivy*	alive

First published in 2007 by Usborne Publishing Ltd, Usborne House, 83-85 Saffron Hill, London EC1N 8RT, England. www.usborne.com